Gabi Koppehele

Märchen erleben mit Kindern von 1–3 Jahren

Erste altersgemäße Begegnungen mit bekannten Märchen

9783403068662

Auer

Gedruckt auf umweltbewusst gefertigtem, chlorfrei gebleichtem und alterungsbeständigem Papier.

2. Auflage 2017

Illustrationen: Julia Flasche
Satz: Fotosatz H. Buck, Kumhausen
Druck und Bindung: Esser printSolutions GmbH, Bretten
CD/DVD-Pressung: optimal media production GmbH, Röbel/Müritz
ISBN 978-3-403-**06866**-2

www.auer-verlag.de

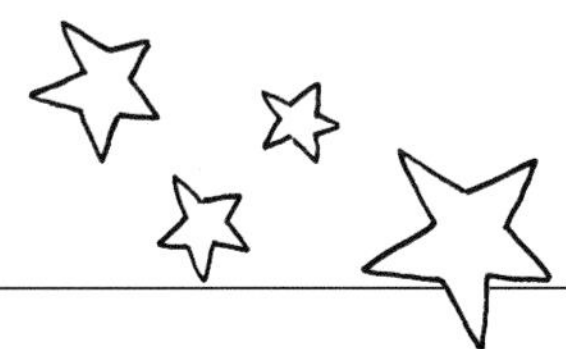

Inhaltsverzeichnis

Vorwort

Lange bevor es technische Kommunikationsmittel gab, zogen bereits Erzähler auf jedem Kontinent von Ort zu Ort, um ihre Geschichten kundzutun. Überall hörten die Menschen gebannt zu und trugen das Gehörte weiter, Generation um Generation.
Dank Wilhelm und Jakob Grimm, Ludwig Bechstein, Achim von Arnim und den vielen anderen Märchensammlern sind uns viele von ihnen in Märchenbüchern erhalten geblieben. In wohl nahezu jedem Bücherregal ist eines von ihnen zu finden.

Auch heute noch sind Märchen für viele Menschen ein fester Bestandteil der Kindheit. Wer von uns hat nicht irgendein Lieblingsmärchen? Vielleicht eines, indem wir uns insgeheim wiederfinden, als Prinzessin, als Hexe oder als Dummling, dem keiner etwas zutraut und der trotz aller Widerstände sein Glück macht?

Märchen haben eine Botschaft. Sie beschreiben das Leben. Doch das wird den meisten erst klar, wenn sie erwachsen sind. Auch mir erging es am Anfang so.

Nun beschäftige ich mich nun schon viele Jahre intensiv mit dem Thema „Märchen".
Ich las viele Bücher und wissenschaftliche Abhandlungen. Vieles davon brauchte ich, um die Bedeutung von Märchen zu begreifen, sowohl für Kinder als auch für Erwachsene. Doch die vielen positiven Erfahrungen, die ich Woche für Woche beim Erzählen und Umsetzen von Märchen in allen Altersgruppen, vom Krippenkind bis zum Erwachsenen, mache, sind für mich noch wertvoller, als so manches Buch.

Begeben auch Sie sich gemeinsam mit den jungen Kindern in der Kinderkrippe auf Entdeckungsreise und erfahren Sie die Faszination der Märchen. Ich wünsche Ihnen dabei viel Freude und jede Menge märchenhafte Momente!

Ihre Gabi Koppehele

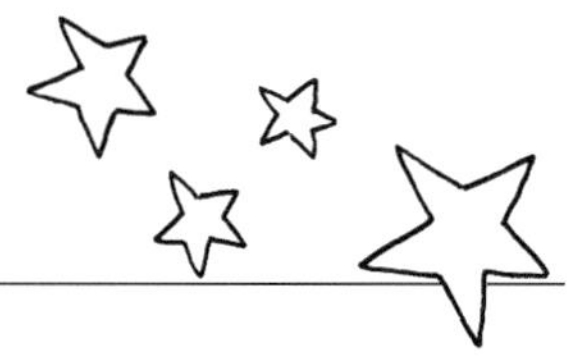

1. Das richtige Märchenalter

Überall hörte und las ich, dass das optimale Märchenalter mit etwa vier Jahren beginnt. Anfänglich erzählte ich in meinen Veranstaltungen also brav, dass Märchen ausschließlich für Kinder ab 4 Jahren geeignet seien. Das änderte sich, als in den Kindergärten, Familien und Kindergruppen immer öfter Kinder unter 3 Jahren an meinen Erzählstunden und Märchenveranstaltungen teilnahmen. Und siehe da, sie saßen ruhig und lauschten konzentriert und gleichzeitig ganz entspannt den Märchen der Brüder Grimm.
Von da an war mir klar: Es gibt keine eindeutige Altersangabe für den Beginn des Märchenerzählens.
Wenn wir davon ausgehen, dass das „richtige Märchenalter" mit der Fähigkeit des Magischen Denkens direkt in Verbindung steht, so können wir Märchen bereits ab der Geburt einsetzen. Leider ist darüber wissenschaftlich noch recht wenig erforscht. Dafür gibt es eine für mich logische Erklärung: Die Kleinsten können sich einfach noch nicht zum Märcheninhalt äußern. Deshalb weiß man bis heute nicht, was die Kleinsten vom Märchen bereits begreifen und was ihnen fremd bleibt. Meine Erfahrung ist jedenfalls, dass bereits die Kleinsten mit offenem Mund still dasitzen und den Märchen lauschen. Oft plappern sie sogar leise die vorkommenden Reime und Verse mit.

Das kann man dann als „Wohlgefühl" bezeichnen.
Manche Experten vermuten sogar, dass es nichts im Märchen gibt, das selbst sehr kleine Kinder nicht hören dürften, denn sie hätten wohl eine Art „Filter" eingebaut, der nur das hindurch lässt, was die kindliche Seele auch verträgt.
Dieser Vermutung kann ich durchaus zustimmen, denn meine Erlebnisse beim Märchenerzählen und -verarbeiten spiegeln genau dies wider.
Man weiß, dass der Entwicklungsstand der Kleinsten sehr unterschiedlich ist, auch ihre geistigen sowie emotionalen Bedürfnisse differieren.
Mir fiel auf, dass es sich bei den unter Dreijährigen in meinen Veranstaltungen vor allem um Kinder mit einer guten Sprachentwicklung und positiven Sozialisationseinflüssen handelte.
Und, dass diese Kinder bereits über innere Bilder verfügen konnten, sie hatten die Bilder sozusagen „vor Augen".

Immer wieder werde ich von Erzieherinnen aus der Kinderkrippe gefragt, ob denn Märchen überhaupt schon für die Kleinsten geeignet seien. Auch die Frage nach der Auswahl der Märchen und der Einbindung in den Krippenalltag wird mir häufig gestellt. Für diejenigen und für alle anderen, die sich bisher keine Gedanken zum Thema „Märchen in der Krippe" gemacht haben, ist dieses Buch konzipiert.
Es beinhaltet fünf „erste Märchen" und jede Menge kreative, dem Bildungsplan entsprechende Ideen für die pädagogische Umsetzung.

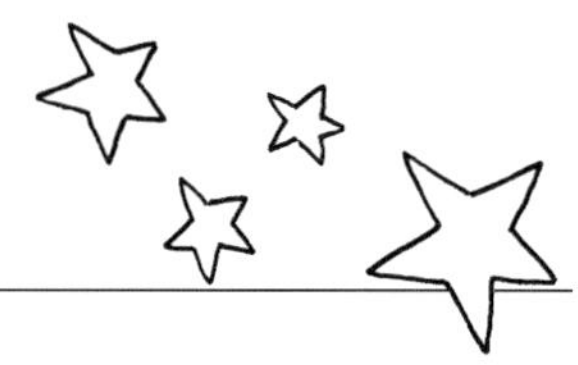

2. Märchenauswahl und Märchentexte

Ich habe Ihnen fünf Märchen ausgesucht, die ich Krippenkindern gerne erzähle. Die Märchentexte finden Sie anschließend, sodass Sie gleich loslegen können.
Meine Empfehlung zur Anzahl der Märchen: Erzählen Sie immer nur ein Märchen pro Quartal. Mit jedem dieser Märchen können Sie sich mehrere Wochen beschäftigen, denn Kinder lieben, brauchen und verlangen nach Wiederholungen. Immer wenn Sie das Märchen vorlesen, können sich die Kinder ihr gebasteltes Symbolkärtchen umhängen. Vorlagen finden Sie auf den Seiten 34–38.

Übersicht über die Märchen:

1. Der süße Brei, KHM 103 (Frühling)
2. Der goldene Schlüssel, KHM 200 (Winter)
3. Sterntaler, KHM 153 (Herbst)
4. Der Kobold und die Ameise (aus: „Zauberpferd und Nebelriese", Ulrike Blaschek-Krawczyk)
5. Der Wolf und die sieben jungen Geißlein, KHM 5

Geeignet sind neben meinen Empfehlungen alle sogenannten „Erstlingsmärchen", z. B. Aschenputtel, Das hässliche Entlein, Hans und die Bohnenstange, Goldlöckchen und die drei Bären. Sie sind kurzweilig und inhaltlich einfach und gut zu verstehen. Schon die Kleinsten lieben es, vorgelesen oder erzählt zu bekommen.
Die Bezeichnung „KHM" bedeutet „Kinder- und Hausmärchen der Brüder Grimm". In dieser Sammlung finden sich alle Märchen der Brüder Grimm.

Der süße Brei

Es war einmal ein armes, frommes Mädchen, das lebte mit seiner Mutter allein, und sie hatten nichts mehr zu essen. Da ging das Kind in den Wald, und da begegnete ihm eine alte Frau, die wusste seinen Jammer schon und schenkte ihm ein Töpfchen, zu dem sollt' es sagen: ‚Töpfchen, koche', so kochte es süßten Hirsebrei, und wenn es sagte: ‚Töpfchen steh', so hörte es wieder auf zu kochen. Das Mädchen brachte den Topf seiner Mutter heim, und nun waren sie ihrer Armut und ihres Hungers ledig und aßen süßen Brei, sooft sie wollten.

Auf eine Zeit war das Mädchen ausgegangen, da sprach die Mutter: „Töpfchen, koche", da kocht es, und sie isst sich satt; nun will sie, dass das Töpfchen wieder aufhören soll, aber sie weiß das Wort nicht. Also kocht es fort, und der Brei steigt über den Rand hinaus und kocht immerzu, die Küche und das ganze Haus voll und das zweite Haus und dann die Straße, als wollt's die ganze Welt satt machen, und es ist die größte Not, und kein Mensch weiß sich da zu helfen. Endlich, wie nur noch ein Haus übrig ist, da kommt das Kind heim und spricht nur: „Töpfchen, steh", da hört es auf zu kochen; und wer wieder in die Stadt wollte, der musste sich durchessen.

Der goldene Schlüssel

Zur Winterszeit, als einmal ein tiefer Schnee lag, musste ein armer Junge hinausgehen und Holz auf einem Schlitten holen. Wie er es nun zusammengesucht und aufgeladen hatte, wollte er, weil er so erfroren war, noch nicht nach Haus gehen, sondern erst Feuer anmachen und sich ein bisschen wärmen. Da scharrte er den Schnee weg, und wie er so den Erdboden aufräumte, fand er einen kleinen goldenen Schlüssel. Nun glaubte er, wo der Schlüssel wäre müsste auch das Schloss dazu sein, grub in der Erde und fand ein eisernes Kästchen. Wenn der Schlüssel nur passt! dachte er, es sind gewiss kostbare Sachen in dem Kästchen. Er suchte, aber es war kein Schlüsselloch da, endlich entdeckte er eins, aber so klein, dass man es kaum sehen konnte. Er probierte, und der Schlüssel passte glücklich. Da drehte er einmal herum, und nun müssen wir warten, bis er vollends aufgeschlossen und den Deckel aufgemacht hat, dann werden wir erfahren, was für wunderbare Sachen in dem Kästchen lagen.

Die Sterntaler

Es war einmal ein kleines Mädchen, dem waren Vater und Mutter gestorben, und es war so arm, dass es kein Kämmerchen mehr hatte, darin zu wohnen, und kein Bettchen mehr, darin zu schlafen, und endlich gar nichts mehr als die Kleider auf dem Leib und ein Stückchen Brot in der Hand, das ihm ein mitleidiges Herz geschenkt hatte. Es war aber gut und fromm. Und weil es so von aller Welt verlassen war, ging es im Vertrauen auf den lieben Gott hinaus ins Feld. Da begegnete ihm ein armer Mann, der sprach: „Ach, gib mir etwas zu essen, ich bin so hungrig." Es reichte ihm das ganze Stückchen Brot und sagte: „Gott segne dir's", und ging weiter. Da kam ein Kind, das jammerte und sprach: „Es friert mich so an meinem Kopfe, schenk mir etwas, womit ich ihn bedecken kann." Da tat es seine Mütze ab und gab sie ihm. Und als es noch eine Weile gegangen war, kam wieder ein Kind und hatte kein Leibchen an und fror, da gab es ihm seins; und noch weiter, da bat eins um ein Röcklein, das gab es auch von sich hin. Endlich gelangte es in einen Wald, und es war schon dunkel geworden, da kam noch eins und bat um ein Hemdlein, und das fromme Mädchen dachte: „Es ist dunkle Nacht, da sieht dich niemand, du kannst wohl dein Hemd weggeben", und gab es auch noch hin. Und wie es so stand und gar nichts mehr hatte, fielen auf einmal die Sterne vom Himmel und waren lauter harte, blanke Taler; und ob es gleich sein Hemdlein weggegeben, so hatte es ein neues an, und das war vom allerfeinsten Linnen. Da sammelte es sich die Taler hinein und war reich für sein Lebtag.

Der Kobold und die Ameise (aus: „Zauberpferd und Nebelriese“, Ulrike Blaschek-Krawczyk)

Der Fuchs ist einmal von einem Spaziergang heimgekommen, und wie er grad in seine Höhle schlüpfen wollte, sieht er da einen Kobold drinsitzen, der ihn nicht mehr hineinlassen wollte. Da ist der Fuchs zum Bären gegangen und hat gejammert: „Ach, lieber Herr Bär, in meiner Höhle sitzt ein böser Kobold, der treibt mich von Haus und Heimat fort. Hilf mir doch, dass ich wieder zu meinem Eigentum komme." Der Bär tröstete den Fuchs und schritt würdevoll mit ihm zur Fuchshöhle, aber kaum kommen sie in die Nähe, da hören sie auch schon den bösen Kobold brüllen: „Macht, dass ihr fortkommt, sonst fresse ich euch mit Haut und Haaren!"

Da ist der Bär wieder heimgegangen, und der arme Fuchs trug nun sein Anliegen dem Wolf vor.
Der Wolf wollte auch gerne dem armen Füchslein behilflich sein, aber als sie zum Fuchsloch kommen, schrie der Kobold sogleich: „Geht fort oder ich fresse euch auf!" Und da ist auch dem Wolf das Herz in die Hosen gerutscht, und er machte sich auf und davon.

Zu guter Letzt ist dann doch noch ein Tier dem Fuchs zu Hilfe gekommen – ein ganz kleines, eine Ameise. Die ist ganz leise, ohne dass es der Kobold bemerkt hat, zum Fuchsloch hineingeschlüpft und hat nun angefangen den Kobold zu zwicken und zu zwacken. Am Schluss konnte der es gar nicht mehr aushalten und ist aufgesprungen und wie besessen davongelaufen. Jetzt ist der Fuchs wieder in seine Höhle gezogen.

Der Wolf und die sieben jungen Geißlein

Es war einmal eine alte Geiß, die hatte sieben junge Geißlein. Sie hatte sie so lieb, wie eben eine Mutter ihre Kinder lieb hat. Eines Tages wollte sie in den Wald gehen und Futter holen. Da rief sie alle sieben herbei und sprach: „Liebe Kinder, ich muss hinaus in den Wald. Seid inzwischen brav, sperrt die Türe gut zu und nehmt euch in Acht vor dem Wolf! Wenn er hereinkommt, frisst er euch mit Haut und Haaren. Der Bösewicht verstellt sich oft, aber an seiner rauen Stimme und an seinen schwarzen Füßen werdet ihr ihn gleich erkennen."

Die Geißlein sagten: „Liebe Mutter, wir wollen uns schon in Acht nehmen, du kannst ohne Sorge fortgehen." Da meckerte die Alte und machte sich getrost auf den Weg.

Es dauerte nicht lange, da klopfte jemand an die Haustür und rief: „Macht auf, ihr lieben Kinder, eure Mutter ist da und hat jedem von euch etwas mitgebracht!" Aber die Geißlein hörten an der rauen Stimme, dass es der Wolf war. „Wir machen nicht auf", riefen sie, „du bist nicht unsere Mutter. Die hat eine feine und liebliche Stimme, deine Stimme aber ist rau. Du bist der Wolf!"

Da ging der Wolf fort zum Krämer und kaufte sich ein großes Stück Kreide. Er aß es auf und machte damit seine Stimme fein. Dann kam er zurück, klopfte an die Haustür und rief: „Macht auf, ihr lieben Kinder, eure Mutter ist da und hat jedem von euch etwas mitgebracht!"

Aber der Wolf hatte seine schwarze Pfote auf das Fensterbrett gelegt. Das sahen die Kinder und riefen: „Wir machen nicht auf! Unsere Mutter hat keinen schwarzen Fuß wie du. Du bist der Wolf!"

Da lief der Wolf zum Bäcker und sprach: „Ich habe mir den Fuß angestoßen, streich mir Teig darüber!"

Als ihm der Bäcker die Pfote bestrichen hatte, lief er zum Müller und sprach: „Streu mir weißes Mehl auf meine Pfote!" Der Müller dachte, der Wolf wolle jemanden betrügen, und weigerte sich. Aber der Wolf sprach: „Wenn du es nicht tust, fresse ich dich!" Da fürchtete sich der Müller und machte ihm die Pfote weiß.

Nun ging der Bösewicht zum dritten Mal zu der Haustür, klopfte an und sprach: „Macht auf, Kinder, euer liebes Mütterchen ist heimgekommen und hat jedem von euch etwas aus dem Wald mitgebracht!"

Die Geißlein riefen: „Zeig uns zuerst deine Pfote, damit wir wissen, dass du unser liebes Mütterchen bist."

Da legte der Wolf die Pfote auf das Fensterbrett. Als die Geißlein sahen, dass sie weiß war, glaubten sie, es wäre alles wahr, was er sagte, und machten die Türe auf.

Wer aber hereinkam, war der Wolf! Die Geißlein erschraken und wollten sich verstecken. Das eine sprang unter den Tisch, das zweite ins Bett, das dritte in den Ofen, das vierte in die Küche, das fünfte in den Schrank, das sechste unter die Waschschüssel, das siebente in den Kasten der Wanduhr. Aber der Wolf fand sie und verschluckte eines nach dem andern. Nur das jüngste in dem Uhrkasten, das fand er nicht.

Als der Wolf satt war, trollte er sich fort, legte sich draußen auf der grünen Wiese unter einen Baum und fing an zu schlafen.

Nicht lange danach kam die alte Geiß aus dem Walde wieder heim. Ach, was musste sie da erblicken! Die Haustür stand sperrangelweit offen, Tisch, Stühle und Bänke waren umgeworfen, die Waschschüssel lag in Scherben, Decken und Polster waren aus dem Bett gezogen. Sie suchte ihre Kinder, aber nirgends waren sie zu finden. Sie rief sie nacheinander bei ihren Namen, aber niemand antwortete. Endlich, als sie das jüngste rief, antwortete eine feine Stimme: „Liebe Mutter, ich stecke im Uhrkasten!"

Da holte die Mutter das junge Geißlein aus seinem Versteck heraus, und es erzählte ihr, dass der Wolf gekommen wäre und die anderen alle gefressen hätte. Ihr könnt euch denken, wie da die alte Geiß über ihre armen Kinder geweint hat!

Endlich ging sie in ihrem Jammer hinaus, und das jüngste Geißlein lief mit. Als sie auf die Wiese kam, so lag da der Wolf an dem Baume und schnarchte, dass die Äste zitterten. Sie betrachtete ihn von allen Seiten und sah, dass sich in seinem angefüllten Bauch etwas regte und zappelte. „Ach Gott", dachte sie, „sollten meine armen Kinder, die er zum Abendbrot hinuntergewürgt hat, noch am Leben sein?" Da musste das Geißlein nach Hause laufen und Schere, Nadel und Zwirn holen. Dann schnitt sie dem Ungetüm den Wanst auf, und kaum hatte sie einen Schnitt getan, so streckte schon ein Geißlein den Kopf heraus, und als sie weiter schnitt, sprangen alle sechse heraus und waren noch alle am Leben undhatten nicht einmal Schaden gelitten, denn das Ungetüm hatte sie in der Gier ganz hinuntergeschluckt. Das war eine Freude! Da herzten sie ihre liebe Mutter und hüpften wie ein Schneider der Hochzeit hält. Die Alte aber sagte: „Jetzt geht und sucht Wackersteine (Feldsteine), damit wollen wir dem gottlosen Tier den Bauch füllen, solange es noch im Schlafe liegt." Da schleppten die sieben Geißlein in aller Eile die Steine herbei und steckten sie ihm in den Bauch, soviel sie hineinbringen konnten. Dann nähte ihn die Alte in aller Geschwindigkeit wieder zu, dass er nichts merkte und sich nicht einmal regte.

Als der Wolf endlich ausgeschlafen hatte, machte er sich auf die Beine, und weil ihm die Steine im Magen so großen Durst erregten, wollte er zu einem Brunnen und trinken. Als er anfing zu gehen und sich hin und her zu bewegen, stießen die Steine in seinem Bauch aneinander und rappelten. Da rief er:

„Was rumpelt und pumpelt
in meinem Bauch herum?
Ich meinte, es wären sechs Geißlein,
so sind's lauter Wackerstein'!"

Und als er an den Brunnen kam und sich über das Wasser bückte und trinken wollte, da zogen ihn die schweren Steine hinein, und er musste jämmerlich ersaufen. Als die sieben Geißlein das sahen, kamen sie herbeigelaufen, riefen laut: „Der Wolf ist tot! Der Wolf ist tot!" und tanzten mit ihrer Mutter vor Freude um den Brunnen herum.

3. Wissenswertes über „erste Märchen“

Alle ausgewählten Märchen sind sogenannte „erste Märchen“.

Die drei ersten Märchen sind kurz und passen meiner Meinung nach sehr gut in die Krippe. Besonders geeignet finde ich außerdem die sogenannten „Kettenmärchen“, mit einfacher Handlung, wie das 4. Märchen, und Märchen mit gradliniger Handlung (siehe Nr. 1, 2, 3). In meinen Seminaren und Workshops für pädagogisches Fachpersonal beleuchte ich die Märchen sehr genau und erkläre, warum gerade Volksmärchen, vor allem die aus der Sammlung der Kinder- und Hausmärchen (KHM) der Brüder Grimm, einen hohen pädagogischen Wert haben.
Gerade die Volksmärchen kommen dem kindlichen Weltbild sehr nahe. Viele darin vorkommende Themen (z. B. Eifersucht, Trennung, Selbstbewusstsein …) sind gerade die Themen, die Kinder schon früh bewegen.

Einige Grimms-Märchen bezeichnet man als „Einsteiger-Märchen“.
Sie machen Mut und zeigen, dass auch die Kleinen schon etwas „leisten“ können.
Selbst der Schwächste, Dümmste und Kleinste kann stark, klug und mutig werden und seine Ziele erreichen. Dafür wird er in der Regel dann belohnt.
Auch Tiermärchen sind bei den Kleinsten sehr beliebt, weil diese meist besonders lustig sind.
Oft sind es gerade die kleinen Tiere, die die großen, vermeintlich starken mit List und Tücke „besiegen“, wie im Märchen „Der Kobold und die Ameise“.

4. Über das Erzählen

Da die „ersten Märchen“ besonders kurz sind, rate ich, sie frei (auswendig) zu erzählen. Sollten Ihnen das freie Erzählen überhaupt nicht liegen, dann lesen Sie sich im Vorfeld das Märchen mehrmals gut durch, so werden Sie sicher und können so einen optimalen Augenkontakt zu den Kindern herstellen und halten.

Sie werden erstaunt sein, was Sie in den Kinderaugen entdecken, wenn Sie das „Zauberband“ mit Ihnen knüpfen. Die Herstellung der Verbindung zwischen Erzähler und Zuhörer beim Vortragen des Märchens erlebe ich immer wieder aufs Neue, wie eine positive Verzauberung, ganz ohne Zweifel.

Achten sie besonders bei Ihren „Märchenneulingen“ auf einen möglichst sachlichen Erzählton. Das Märchen spricht durch sich selbst und seine Sprache.

Wenn die Kinder allerdings einmal mit dem Märchenerzählen vertraut sind, dann können Sie ohne Weiteres den Versuch starten zu „experimentieren“, d. h. die einzelnen Tierstimmen zu modellieren usw.

Oft kommt es vor, dass bereits die Kleinsten Auszüge oder gar ganze Sätze leise mitsprechen.

Das ist eine wünschenswerte Entwicklung, denn es fördert ihre Sprachkompetenz. Wenn es die anderen Kinder nicht stört, dann lassen Sie es deshalb ruhig zu.

Märchen verlangen bei den Kleinsten regelrecht nach einer kuscheligen, wohligen Atmosphäre. Vielleicht findet sich in Ihrer Einrichtung eine Ecke, die Sie zur Märchenecke bestimmen, vielleicht haben Sie bereits eine Vorleseecke, die Sie auch für das Erzählen der Märchen nutzen können.

Diese können Sie märchenhaft dekorieren. Und, lassen Sie die Kinder dabei ruhig mithelfen.

Nun wissen die Kinder bald ganz genau, wohin sie gehen sollen, wenn Sie ein Märchen ankündigen.

Bauen Sie eine Art Märchentor, oder benutzen Sie einen goldenen Gymnastikreifen, durch den die Kleinen ins Märchenland krabbeln. Dieses Ritual wird schon bald fester Bestandteil Ihrer Märchenstunden sein. Ebenso wie das Anzünden der Märchenkerze.

Sprüche zum Anzünden der Märchenkerze

Kommt mit mir ins Märchenland
Hört, hört, aufgewacht,
ich hab euch etwas mitgebracht.
Kommt mit mir ins Märchenland,
wo ich diese Kerze fand.
Ich zünd sie an, dann strahlt ihr Schein
in unser Märchenland hinein!

Die Zaubernuss
Das ist meine Zaubernuss,
ich weiß, wie man sie öffnen muss.
Mit „Hokus, Pokus, Fidibus",
ja, dann öffnet sich das Ding.
Ein kleiner König wohnt darin,
er lädt euch alle höflich ein:
„Kommt in mein Märchenland hinein!"
Das Märchen muss ich holen,
hoffentlich ist's nicht gestohlen.
Nein, da ist es, bin ich froh!
Und ihr sicher ebenso!
Psst, nun hört nur, was er spricht:
Zündet an das Märchenlicht!

Als Zaubernuss kann man entweder eine normale Walnuss (Paranuss o.Ä.) verwenden oder eine goldene Nuss, die man aus dem Advent vielleicht kennt.
TIPP: Die Nuss kann man auch selber mit Goldspray „vergolden",
Sie halten sie in der flachen Hand und sprechen geheimnisvoll.

5. Aktionen zu den Märchen

Der süße Brei

Gespräch/Einstieg

Bereits bei den Kleinsten kann man mit einem **Gespräch** beginnen.
Gerade im 2. Lebensjahr geht die Sprachentwicklung rasant voran. Aus Einwortsätzen werden Zweiwortsätze und die Grammatik wird „im Vorübergehen" gleich mitgeliefert.
Auch tauchen in dieser Zeit die ersten Fragen auf, auf diese Weise erweitern die Kleinkinder auf fast spielerische, leichte Art ihren Wortschatz.
Anmerkung: Ich mache sehr oft die Erfahrung, dass kaum noch miteinander gesprochen wird. „Das fröhliche Plaudern in geselliger Runde" ist der modernen Zeit zum Opfer gefallen. Fernseher und Computer sind in den Vordergrund getreten. In den Familien wird das Miteinanderreden und das Sich-Austauschen leider immer seltener.
Ich finde, wir sollten wieder mehr sprechen und miteinander plaudern, natürlich auch und gerade mit den Kindern. Die Märchen bieten hierfür eine ideale Grundlage.
Stellen Sie doch einfach einmal die Frage:
Worin kocht man einen Brei?
Das ein oder andere Kind wird sicherlich schnell das Wort „Topf" sagen.
Viele Kinder helfen den Eltern beim Kochen und kennen sich bereits aus, auch das wird sicherlich thematisiert werden.
Und noch eine Frage:
„Wie sehen denn eure Töpfe zu Hause aus?"
Die Töpfe sind sicherlich groß, klein, weiß, silbern.
Schnell beteiligen sich vor allem die „großen" Kinder angeregt am Gespräch.
„Hat deine Mama schon mal einen Brei gekocht?"
„Wie hat der Brei denn geschmeckt?"
Schnell wird klar, dass das Kochen in einem Topf den meisten Kindern bekannt ist.

1. Aktion
Verschiedene Töpfe mitbringen und untersuchen

Wie klingen die unterschiedlichen Materialien, wenn man auf sie schlägt? Mit der Hand oder gar mit einem Kochlöffel oder Trommelschlägel?
Wie hört es sich an, wenn man in den Topf hineinruft?
Wie fühlt es sich an, wenn man sich den Topf auf den Kopf setzt?
Kann sich das Kind in einem glänzenden Topf sehen?
Experimentieren Sie mit den Töpfen nach Lust und Laune – hier sind Ihrem Einfallsreichtum keine Grenzen gesetzt!
Achten Sie aber bitte darauf, dass die Töpfe nicht zu groß und zu schwer sind. Vielleicht trauen sich ja die 3-Jährigen schon zu, sich die Augen verbinden zu lassen, dann können Sie das beliebte Spiel „Topfschlagen“ spielen? Oder Sie verbinden sich die Augen und spielen es erst einmal vor.

Spielregeln:
Ein Topf wird irgendwo auf den Boden gestellt. Dem Kind werden die Augen verbunden und es bekommt einen Kochlöffel in die Hand.
Nun krabbelt es auf dem Boden umher und versucht, den Topf zu finden und darauf zu schlagen. Unter dem Topf kann eine kleine „Belohnung“ versteckt“ sein. Für die Kleinen kann man das Spiel ganz einfach gestalten, indem man den Topf nahe zum Kind stellt.

2. Aktion
Rund um den leckeren Brei

Sprechen Sie mit den Kindern zuerst über das Thema „Brei“.
Wer kocht zu Hause generell?
Wer kocht zu Hause manchmal Brei?
Welcher Brei schmeckt euch, welcher nicht?
Wer isst eigentlich Brei?
Welche verschiedenen Breie kennt ihr (z. B. Grießbrei, Haferbrei, Babybrei)?

Gemeinsam einen Grießbrei kochen
Binden Sie die Kinder in das Breikochen aktiv mit ein: Die Kinder können Wasser in den Topf füllen, Zucker abmessen, Grieß abwiegen und dazugeben. Am besten geht das mit einer geringen Kinderanzahl, 2-3 Kinder halte ich für sinnvoll.

Rezept Grießbrei

100 g Grieß (Weichweizen)
1 Liter Milch
5 gestrichene Teelöffel Zucker
1 Prise Salz
1 kleines Stückchen Butter (ca. 20 g)
Eventuell 1 Ei

Zubereitung:
Einen Liter Milch abmessen, eine Tasse Milch entnehmen. Darin den Grieß einrühren, bis keine Klumpen mehr vorhanden sind. Die restliche Milch in einen Topf mit Butter, Zucker und Salz geben und zum Kochen bringen.
Wenn die Milch kocht, den angerührten Grieß zugeben und unter ständigem Rühren 10 Minuten kochen lassen – je nach Geschmack ein rohes Ei unterrühren – fertig!
Dazu schmeckt Obstkompott sehr gut.

Den Geruchssinn anregen
Augen zu und am leckeren Grießbrei riechen? Wonach duftet er?

Ein Gedicht hören und sprechen
Sprechen Sie den Kindern das Gedicht vor oder, noch besser, sprechen Sie gemeinsam.

Gedicht: „Lecker, lecker, lecker"

Lecker, lecker, lecker,
der Brei, der schmeckt so fein,
sag mir doch, o sag mir doch,
was hast du da hinein?

Drei große Tassen Milch,
Gries, Zucker und ein Ei.
Mit dem Löffel umgerührt,
und fertig ist der Brei!

Sich zum Reim bewegen

Hier können die Bewegungen der einzelnen Arbeitsschritte (z. B. Milch eingießen, Zucker rieseln lassen oder ein Ei aufschlagen) gut dazu ausgeführt werden. Bewegung, auch in Verbindung mit Worten, ist das Größte für die Kleinen. Denn durch Bewegung drücken sich die Kinder aus. Bevor sie überhaupt mit dem Sprechen beginnen, sind außerdem Gestik und Mimik, neben Lauten und Geräuschen, ihre hauptsächlichen Kommunikationsmittel. Mit fortschreitendem Alter wird diese ganzheitliche Ausdrucksweise der Kinder eingeschränkt, z. B. in der Schule.

3. Aktion: Brei einmal anders „Matschbrei" kochen im Garten

Matschhosen anziehen und ab geht es in den Garten.
Denken Sie daran: Jetzt ist schmutzig werden angesagt und ausdrücklich erlaubt. In einem großen Topf kochen Sie gemeinsam einen Matschbrei.

Sie brauchen dazu:

gute Erde, ohne Steinchen
Wasser, am besten in einer Gießkanne
Natürlich kann auch jedes Kind seinen eigenen Brei kochen. Favorisieren Sie diese Variante, dann brauchen sie viele kleinere Töpfe.

Und so geht es:

Lassen Sie die Kinder mit den Händen die Erde mit dem Wasser vermischen. Es entsteht Matsch. Sie können die Konsistenz der Masse verändern, indem sie der Erde etwas weniger oder mehr Wasser zufügen. So erleben die Kinder, wie sich die Masse verändert, vor allem dann, wenn sie selbst mit den Händen „arbeiten". Und mit Matsch wird das Umrühren und Vermischen des Breis zu einem intensiven, sehr sinnlichen Erlebnis. Das Fühlen und Erleben mit den Händen gehört zu den wichtigsten Entwicklungsphasen des Kindes. Erst spielen die Säuglinge an ihren eigenen Händen und Fingern, dann greifen sie nach Spielzeug, halten es fest, tasten es ab, entdecken die Oberflächenstrukturen, bis sie dann schließlich mit etwa neun Monaten beginnen, im Essen „zumanschen".
Ein durchaus sinnliches Erlebnis – meist zum Ärger aller Eltern.

Kreisspiel: „Töpfchen koche, Töpfchen steh"

Ein Kind geht herum, sucht sich ein anderes Kind aus und sagt: „Töpfchen koche", daraufhin fängt das ausgesuchte Kind an, zu zappeln und zu wackeln, zu zischen und zu brodeln – erst wenn das Kind sagt : „Töpfchen steh" muss es blitzschnell aufhören und ganz ruhig stehen bleiben, sich also gar nicht mehr bewegen.

Das Kind, das das Töpfchen war, darf sich jetzt ein anderes „Töpfchen" aussuchen.
TIPP: Begleiten Sie einfach die Jüngsten, falls diese es noch nicht alleine schaffen oder sich nicht trauen.

Aus Märchenwolle einen Brei machen …

Gehen Sie am besten in den Sitzkreis. Legen Sie Märchenwolle in verschiedenen Farben in die Mitte des Sitzkreises.

Daneben steht eine Plastikschüssel oder ein Topf, in die oder den nun die einzelnen Bestandteile des Breies hineinkommen (also die Märchenwolle). Dabei können die Kinder, je nach Alter und Fingerfertigkeit, der Reihe nach, von der farbigen Märchenwolle etwas wegnehmen und ihre Zutat in den Topf geben. Natürlich darf jedes Kind den Brei mit der Hand „umrühren". Die Wolle fühlt sich weich, warm und flauschig an. Außerdem ergibt sich ein wunderschöner Farbenmix.

Am Ende des „Breikochens" darf sich jedes Kind etwas Brei aus dem Topf nehmen und sich auf einen Plastikteller geben, z. B. aus der Puppenecke, und so tun, „als ob" es den Brei isst („Mmmhh, lecker …"). Dazu kann man das Gedicht „Lecker, lecker" aufsagen.

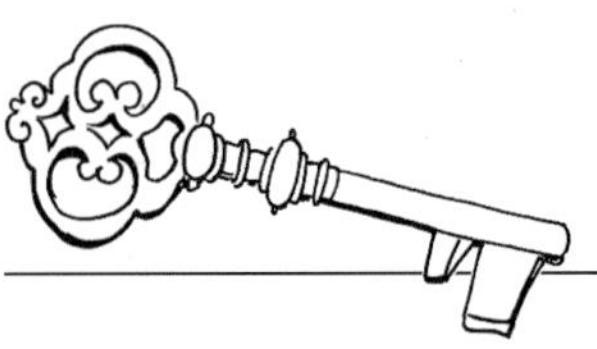

Der goldene Schlüssel

(eignet sich gut für den Winter)

Wissenswertes

Dieses Märchen der Brüder Grimm steht seit der Erstausgabe 1812 immer als letztes Märchen …

Gespräch/Einstieg

Zum Einstieg in dieses Märchen machen Sie einen Spaziergang mit den Kindern. Am besten an einem kalten Wintertag, an dem richtig viel Schnee liegt, so kommt dann gleich die richtige Stimmung auf und schon die kleinsten Kinder können sich vorstellen, wie sich der Junge im Märchen fühlt.

1. Aktion

Erstlingsspielzeug

Dieses Spielzeug eignet sich hervorragend für eine Einzelbeschäftigung zum Thema „Schlüssel“ (Altersempfehlung des Herstellers: ab 12 Monaten).
Im Spielzeugladen habe ich einen Plastikwürfel (ca. 35 x 35 cm) entdeckt, der an vier Seiten je ein „Türchen“ mit Schlüsselloch hat. Die Schlüssel (ebenfalls aus Plastik) werden mitgeliefert.
Ein solcher Würfel ist auch für Sie eine preisgünstige Anschaffung. Nun können Sie immer ein Kind ausprobieren lassen, welcher Schlüssel in welches Schloss passt.

2. Aktion

Verschiedene Schlüssel mitbringen

Suchen Sie so viele Schlüssel zusammen, wie Sie nur kriegen können: Vielleicht gibt es ja aus alten Zeiten noch große Scheunentürschlüssel, neue Schlüssel, große, kleine, schwere, leichte Schlüssel in unterschiedlichen Formen. Die Kinder können sie nun betrachten, anfassen, in das Türschloss (der normalen Türe) stecken: Passt er oder passt er nicht? Wofür könnte der Schlüssel sein? Was kann man alles abschließen? Türen, Tore, Autos, Fahrrad, Gartentürchen, Koffer, Schrank, Schreibtisch.
Vielleicht ist ja auch schon eine Art Zuordnung möglich, wie z. B. Dieser Schlüssel ist klein, also passt er in etwas Kleines, z. B. in eine Schatulle, in ein Köfferchen.

3. Aktion
Spiel „Wachhund“

Ein Kind sitzt auf einem Stuhl mit dem Rücken zu den anderen; unter dem Stuhl liegt ein Schlüsselbund. Ein Kind nach dem anderen darf jetzt versuchen, den Schlüssel zu „stehlen“ und zwar so, dass der Wachhund es nicht bemerkt.

4. Aktion
Eine große Kiste mit Vorhängeschloss ...

... steht im Raum, ist abgedeckt mit einem weißen Tuch:
Frage an die Kinder: „Was denkt ihr, kann da versteckt sein?“
Die Kinder raten und raten. Geben Sie allmählich Tipps, machen Sie auf die Form oder die Größe aufmerksam.
Wenn die richtige Antwort genannt wird, dann lassen Sie ein ausgewähltes Kind nun das weiße Tuch entfernen.
Was könnte denn in der Kiste sein? Die Kinder antworten.
„O, da ist ja ein Schloss dran – Der Schlüssel ist nicht da – Wo ist er?“
„Wollen wir ihn mal suchen – Der muss doch irgendwo versteckt sein!“
Jetzt suchen alle Kinder mit Ihnen zusammen den Schlüssel.
Verstecken Sie den Schlüssel so, dass die Kinder eine Weile suchen können, Sie sollten aber dann schließlich den entscheidenden Hinweis zum Fundort geben.
Wenn der Schlüssel gefunden ist, dann darf ein Kind probieren, ob es das Schloss öffnen kann, ansonsten übernehmen Sie als Erzieherin diese Aufgabe.
Die Kiste ist ... leer! Oje! Sollen wir etwas in die Kiste hineinpacken? Bereiten Sie einen haltbaren „Schatz“ vor, z. B. eine Tüte Gummibärchen. Jetzt nur noch die Kiste abschließen und irgendwo „verstecken“. Nach ein paar Wochen danach fragen – die Kiste öffnen – den Schatz herausnehmen und, falls es etwas Essbares ist, genüsslich vernaschen.

Variante für den Winter

Besorgen Sie eine kleine Kiste, am besten gemeinsam mit den Kindern. Holen Sie Schnee und geben ihn in die Kiste. Frieren Sie die kleine Kiste ein und holen Sie dann im Frühsommer den Schnee heraus!

5. Aktion
Singspiel „Elefant-fant-fant, kommt gerannt, -rannt, -rannt“

Elefant-fant-fant, kommt gerannt, -rannt, -rannt,
mit dem langen, langen, langen, langen Rüssel,
möchte raus, raus, raus, aus dem Haus, Haus, Haus,
doch hat keinen, keinen, keinen Schlüssel.
Armer Elefant, bist umsonst gerannt,
kriegst zum Trost dafür, Zucker jetzt von mir,
aber bleibe hier.

TIPP: Ist auf der CD „Benjamin Blümchen – Meine Lieblingslieder“ zu finden.

6. Aktion
Spielen mit Watte

Sie benötigen kleine Wattebällchen, die Sie am besten noch einmal teilen und zwei Bällchen daraus machen.

TIPP: Legen Sie sie vor Gebrauch in den Kühlschrank, damit sie sich ein wenig kalt anfühlen.

Nun tupfen Sie den Kindern zart mit einem (gekühlten) Wattebällchen ins Gesicht. Erklären Sie mit leiser Stimme „Stell dir vor, das sind die Schneeflocken, die leise und sanft dein Gesicht berühren. Sie sind weich und zart, kannst du es fühlen?“

Das Kind kann nun den Kopf in den Nacken legen und Sie lassen nun mehrere Wattebällchen hintereinander von oben in das Gesicht des Kindes fallen: „Schneeflocken fallen nun in dein Gesicht, doch lange bleiben sie hier nicht.“

Fragen Sie ruhig nach: „Warum bleiben denn die echten Schneeflocken im Winter nicht in deinem Gesicht?“

Die Sterntaler

Gespräch/Einstieg

Auch bei diesem Märchen spielt die Kälte eine große Rolle.

Sprechen Sie also mit den Kindern über das Frieren und was man im Winter alles anziehen muss, damit man nicht friert.
Was passiert, wenn man im Winter zu dünn bekleidet war?
Eventuell legen Sie die von den Kindern genannten Kleidungsstücke in die Mitte. Die Kinder können die Kleidungsstücke (Mantel, Schal, Mütze, Handschuhe) gerne anziehen, damit sie spüren, wie sie wärmen.
Das Gespräch kann auch unter dem folgenden Aspekt geführt werden:
Was ist ein Stern? Wo kann man Sterne sehen (in der Nacht am Himmel, am Weihnachtsbaum ...)?

1. Aktion
Kartoffeldruck

Stempeln Sie gemeinsam mit den Kindern Sterntaler als Kartoffeldruck, bringen Sie alle Sterntaler auf ein großes Tuch oder Papier auf oder lassen Sie jedes Kind ein eigenes Bild anfertigen.

TIPP:
Stellen Sie die Stempel am besten ohne Kinder her, denn die Produktion von Kartoffelstempeln ist noch zu schwierig für die Kleinen. Sie können zum Herstellen des Kartoffelstempels ein Plätzchenförmchen aus Metall in Form eines Sterns benutzen.

Sie benötigen:
größere Kartoffeln, Backförmchen in Sternform, kleines Küchenmesser

Die Kinder benötigen:
Farbe, Teller, großes Tuch oder Papier

Die Kartoffeldrucksterne lassen sich durch Aufstreuen von Glitzer noch verschönern.

2. Aktion
Lied „Sterntalerkind“

Kinder begleiten das Märchen mit Rasseln oder anderen ORFF-Instrumenten.

3. Aktion
Bewegungsaktion: „Auffangen der Sterntaler“

Ein Kind nach dem anderen bekommt ein zu großes T-Shirt angezogen. Eine Erzieherin aus Ihrem Team wirft Sterntaler (gerne aus Schokolade oder Plastik) in die Höhe, das Kind versucht sie alle aufzufangen.
Einen Schokoladentaler darf es behalten und ggf. gleich naschen.

4. Aktion
Das Märchen durch Rollenspiel darstellen

Ein Kind hat ein leichtes Unterkleid (Sommerkleid, bitte mitbringen) an.
Darüber trägt es ein weiteres Kleid und einen Mantel.
Es hat eine Mütze auf und hält ein Stückchen Brot in der Hand.
Nun soll es das Märchen nachspielen. Nach und nach kann jedes Kind einmal die Rolle des Sterntalermädchens übernehmen.

5. Aktion
Tasten und Fühlen

Unter einer Decke sind verschiedene Formen versteckt. Sie sind rund, viereckig, dreieckig, sternförmig. Gut geeignet sind auch Formen aus der Reihe „Lego Duplo®“. Die Kinder können die Formen erfühlen. Finden sie den Stern?

6. Aktion
Lied vor dem Mittagsschlaf

Singen Sie gemeinsam das bekannte Lied „Weißt du, wie viel Sternlein stehen?“

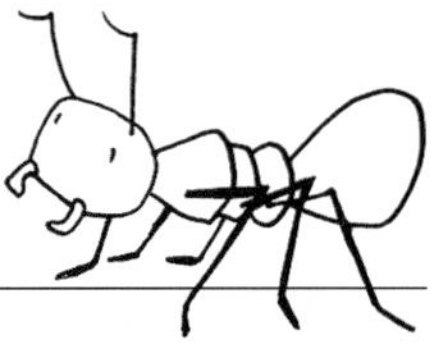

Der Kobold und die Ameise

Gespräch/Einstieg/Ausflug

Gehen Sie gemeinsam mit den Kindern in den Wald. Im Wald sehen Sie sich mit den Kindern einen Ameisenhaufen an. Sie können eine blaue Blume mitnehmen und vorsichtig auf den Haufen werfen. Sie verfärbt sich wie von Zauberhand rot. Wie das gelingt? Die Blume verfärbt sich durch das Gift/den Urin der Ameisen.
Alternativ oder zusätzlich können Sie die Ameisen in Becherlupen geben.
Durch die Lupe können die Kinder die Ameise noch genauer beobachten.
TIPP: Viele Zoos haben Ameisenvölker. Man kann sie dort gut beobachten.

1. Aktion

Krabbeln wie Ameisen

Lassen Sie die Kinder wie Ameisen krabbeln, ganz flink hin und her, ohne zusammenzustoßen oder sich gegenseitig zu behindern.
Diese Bewegungsübung gelingt am besten in einem leeren Raum, z. B. dem Turn- oder Schlafraum.

Wir bilden eine Ameisenstraße

Wir bilden eine Ameisenstraße und geben verschiedene Gegenstände von Hand zu Hand, ohne sie fallen zu lassen.

Gespräch über die Ameisen

Was tun Ameisen?
Was haben wir beobachtet?
Warum sind Ameisen in der Natur wichtig?
Wie soll man sich gegenüber Ameisen verhalten?

Basteln eines Ameisenhaufens aus Pappmaschee

Basteln Sie gemeinsam mit den Kindern einen Ameisenhaufen aus Pappmaschee und bemalen ihn anschließend. Die Ameisen können z. B. aus kleinen, schwarzen, in den Fingern gedrehten (zerknüllten) Krepppapierwürstchen bestehen.

Ein Lied über die Ameise singen

Lied: Das Ameisenlied, S. 33
Text und Musik: Gabi Koppehele

Ein Fingerspiel zur Ameise spielen

Die Ameise, die Ameise,
sie steigt den Hügel hoch,
und wenn sie endlich oben ist,
verschwindet sie im Loch.

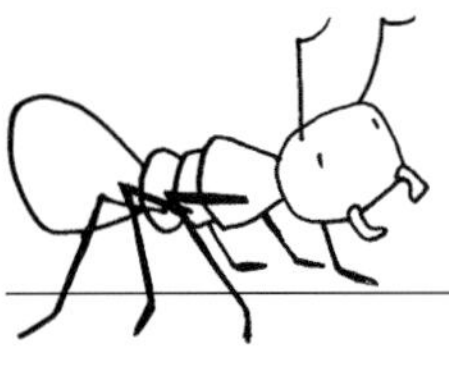

Beschreibung
Mit den Fingern den Arm des Kindes hinaufkitzeln,
wenn die Hand oben angekommen ist, dann im Halsausschnitt des Pullis „verschwinden“.

In Büchern etwas über die Ameise herausfinden
Lesen Sie den Kindern aus „Meine große Tierbibliothek, Die Ameise“ vor. Das Buch ist im Esslinger Verlag erschienen. Alternativ setze ich das Buch „Besserwisser Plus, die Ameise“ aus dem Xenos Verlag ein.

2. Aktion

Der Kobold –Wie sieht der denn aus?
Sie können das Gesicht eines Kindes oder einen Fuß als Kobold anmalen, grün oder blau, wie es die Kinder sich vorstellen. Ist das Kind fertig geschminkt, so darf es sich natürlich im Spiegel bewundern. Es sollten hier natürlich nur Kinder ausgewählt werden, die sich freiwillig melden.

Was macht denn so ein Kobold? Wo wohnt der denn?
Sammeln Sie die Antworten der Kinder.

Wie geht ein Kobold?
Die Kinder machen die Bewegungen des Kobolds nach.
Suchen Sie gemeinsam zwei Gegenstände, die einmal die Größe der Ameise und einmal die Größe des Kobolds darstellen.

3. Aktion

Ameise und Kobold malen
Ameise und Kobold mit Fingerfarbe malen, gerne als großes Gemeinschaftsbild.

Ameise, Kobold und Co. als Stofftiere
Stellen Sie die Tiere aus dem Märchen als Stofftiere zur Verfügung. Die Kinder können so jederzeit mit Bär, Fuchs, Wolf und Co. spielen bzw. das Verhalten der Tiere nachahmen. Wo leben diese Tiere? Wisst ihr das? Der Bär und der Wolf im Zoo, der Fuchs im Wald.

4. Aktion

Ausflug in den Wildpark oder Zoo
Machen Sie einen Ausflug in den Wildpark und beobachten Sie mit den Kindern die Tiere. Was machen diese Tiere den ganzen Tag?

Der Wolf und die sieben jungen Geißlein

Wissenswertes

In diesem Märchen geht es in erster Linie um die Trennung von der Mutter. In der Krippe ist das Thema „Trennung“ von der geliebten Bezugsperson ein wichtiges Thema. Dieses Märchen möchte ich Ihnen besonders ans Herz legen.
Aus meiner ganz persönlichen, langjährigen Erfahrung als Erzieherin und durch zahlreiche Berichte von Kolleginnen kann ich Ihnen versichern, dass durch das häufige Erzählen gerade dieses Märchens die Trennungsängste der Kinder und die damit verbundenen Probleme oft auf wundersame Weise verschwinden.
Im Märchen kehrt die alte Geiß zurück und rettet ihre Kinder.
Dieses versöhnliche Ende gibt den Kindern Mut. Denn auch sie wissen so, die eigene Mutter kommt zurück, Egal, wie schlimm die Sehnsucht nach ihr auch sein möge, sie „erlöst“ die Kinder schließlich und nimmt sie wieder in ihre liebevolle Obhut (Ich liebe dich, ich bin für dich da, ich habe dich vermisst.)

Gespräch/Einstieg

„Was sind Geißlein?“
Diese Frage können in der Regel nur wenige der Kinder beantworten. Das Wort „Ziege“ kennen allerdings schon einige Kinder, vor allem diejenigen, die schon einmal in einem Streichelzoo waren.
Was machen Ziegen/Geißlein eigentlich? Wo leben sie?

„Was ist ein Wolf“?
„Wer hat schon mal einen gesehen?“
„Wer weiß, wie ein Wolf aussieht?“
„Was machen Wölfe?“
„Wo leben Wölfe?“
Einige der Kleinen kennen Wölfe bereits aus Bilderbüchern oder aus dem Zoo/Wildpark.

1. Aktion
In Büchern etwas über Geißlein und Wolf herausfinden
„Was ist was? Wölfe“, Tesloff Verlag
Kopieren Sie zum Zeigen ein bis zwei Fotos, der Text ist noch nicht für die Kleinen geeignet. Sie können zur eigenen Vorbereitung aber Wissenswertes über Wölfe erfahren.
„Meine große Tierbibliothek, Die Ziege“, Esslinger Verlag

2. Aktion
Ein Besuch im Wildpark

Schon mit den Kleinsten empfehle ich einen Ausflug in einen Wildpark oder Zoo, in dem es Wölfe und Ziegen gibt. Sie sollten sich an diesem Tag nur auf Wölfe und Ziegen(Geißlein) beschränken, das ist für die Kinder ausreichend und Sie können einiges zu diesen beiden Tieren erklären.
Die Kinder haben die Möglichkeit, die Tiere genau zu beobachten. Vielleicht kann ein Mitarbeiter von Zoo oder Wildpark Ihnen und den Kleinen noch mehr berichten.
Die meisten Zoos/Wildparks haben ein sogenanntes „Streichelgehege“. Dort können die Kinder die Ziegen/Geißlein hautnah erleben, sie streicheln und füttern. Vielleicht gelingt es Ihnen ja sogar, an einer ruhigen Stelle das Märchen zu erzählen.

3. Aktion
Ein Bild malen

Ein Märchen zu malen, ist für mich die wichtigste Form der Verarbeitung. Die Kinder können ihre starken inneren Bilder, die beim Hören eines Märchens entstehen, so nach außen bringen. Und das wirklich schon so früh wie möglich!
Also schon, sobald Stifte/Farbe und Papier für die Kleinen interessant werden und sie einigermaßen gut damit umgehen können.
All die Aufregung und Anspannung, die das Märchengeschehen in ihnen hervorruft, können sie in ihr Bild hineinlegen. Sie können gleichzeitig alle Ängste und Unsicherheiten sowie die Reizüberflutung aus ihrem täglichen Leben in ihrem Bild „verarbeiten“.
Beim Malen gibt es keine besonderen Regeln.
Sie können wählen, welche Art des Malens für Ihre Kleinen am besten geeignet ist, z. B. Malen mit Fingerfarben (auf großem Papier), Malen mit Wachsmalstiften, Buntstiften oder Wasserfarben.
Je nach Alter und Bedürfnissen sollten die Kinder am Tisch, auf einer Staffelei (Tafel), aber auch auf dem Boden liegend malen.
In den unterschiedlichsten Malpositionen (sitzend, stehend, liegend) und mit den unterschiedlichen Materialien (Hände, Wasser, Pinsel, Stift) haben bereits die Kleinsten die Möglichkeit, sich und ihren Körper gut wahrzunehmen und sich dementsprechend wohlzufühlen und zu entspannen.
TIPP: Ich rate dazu, nach jedem erzählten Märchen Bilder malen zu lassen.

4. Aktion

Einfaches Versteckspiel: „Der Wolf und die Geißlein“

Ein Kind (oder Sie) wird zum Wolf bestimmt, es sollte kurz den Raum verlassen oder sich umdrehen und sich die Ohren zuhalten.

Die anderen Kinder suchen sich nun ein Versteck im Raum und verbergen sich dort, so gut sie können und so leise wie möglich.

Auf ein Startzeichen darf der Wolf nun hereinkommen und anfangen, seine Geißlein zu suchen.

Wenn er ein Geißlein gefunden hat, so muss er es berühren und zu einem „Sammelplatz“, der vorher bestimmt wurde, bringen.

Wenn der Wolf alle Geißlein gefunden hat, dann darf ein anderes Kind der Wolf sein.

5. Aktion

Märchen als Rollenspiel

Schon die Kleinsten lieben Rollenspiele. Märchen eignen sich hierfür besonders gut. Entweder lassen Sie die Kinder bereits beim Erzählen/Vorlesen des Märchens die Handlung mitspielen oder Sie spielen das Märchen gemeinsam nach, aus dem Gedächtnis sozusagen.

Spielen Sie allerdings nicht beim allerersten Erzählen, ich empfehle es Ihnen nach der 3. oder 4. Wiederholung.

Hier wird natürlich die Merkfähigkeit enorm trainiert und die inneren Bilder immer wieder aufs Neue hervorgeholt.

Auch können Sie eine Kiste mit verschiedenen Tüchern und Kleidungsstücken bereitstellen. Das Verkleiden ist für die Kinder ein großes Vergnügen und macht das Hineinschlüpfen in eine Rolle noch spannender.

TIPP: Sollten Sie einen großen Spiegel zur Verfügung haben, so lassen sie die Kinder sich darin anschauen.

Komm doch mit ins Märchenland

Text und Musik: Gabi Koppehele

1 C G 2 C G 3 C F 4 G
Komm doch mit, komm doch mit, mit ins Mär- chen- land.

5 C G 6 C G 7 C G 8 C/G 9 C G
Komm doch mit, komm doch mit, mit ins Mär- chen- land. Du u- und ich,

10 C G 11 C F 12 G 13 C G
ich u- und du, wir sind schon ge- spannt. Du u- und ich,

14 C G 15 C G 16 C 17 C G
ich u- und du, auf das Mär- chen- land. Komm doch mit,

18 C G 19 C F 20 G 21 C G 22 C G
komm doch mit, mit ins Mär- chen- land. Ich nehm dich, ich nehm dich,

23 C G 24 C/G 25 C G 26 C G 27 C F
nehm dich an der Hand. Du u- und ich, ich u- und du, wir sind schon ge-

28 G 29 C G 30 C G 31 C G 32 C
spannt. Du u- und ich, ich u- und du, auf das Mär- chen- land.

Das Sterntalerkind

Text und Musik: Gabi Koppehele

C G F G

Stern- ta- ler- kind, Stern- tal- ler- kind, sag uns, was dei- ne Träu- me sind.

C F G C

Stern- ta- ler- kind, nimm uns an der Hand und zei- ge uns dein

G C G C

Mär- chen- land.

1. Du bist arm, hast nichts zu es- sen,
2. Auch die Müt- ze auf dei- nem Kopf

G C

willst auch an- dre nicht ver- ges- sen, dein al- ler- letz- tes

schenkst du ei- nem ar- men Tropf. Dei- ne Klei- der so alt

F C G C

Stück- chen Brot gibst du her in dei- ner Not

und so schwer, gibst du für die Kin- der her.

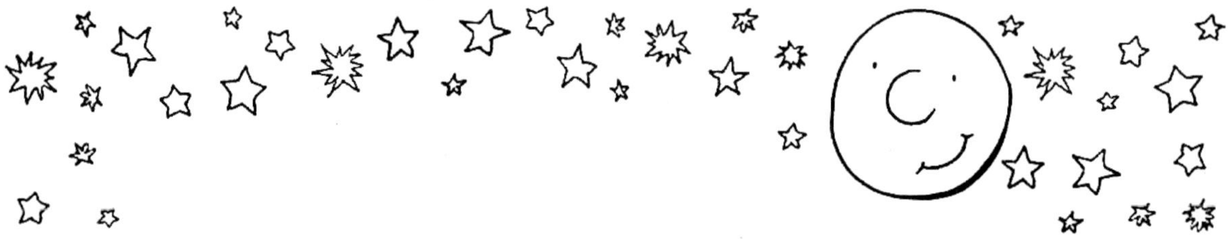

Das Ameisenlied

Text und Musik: Gabi Koppehele

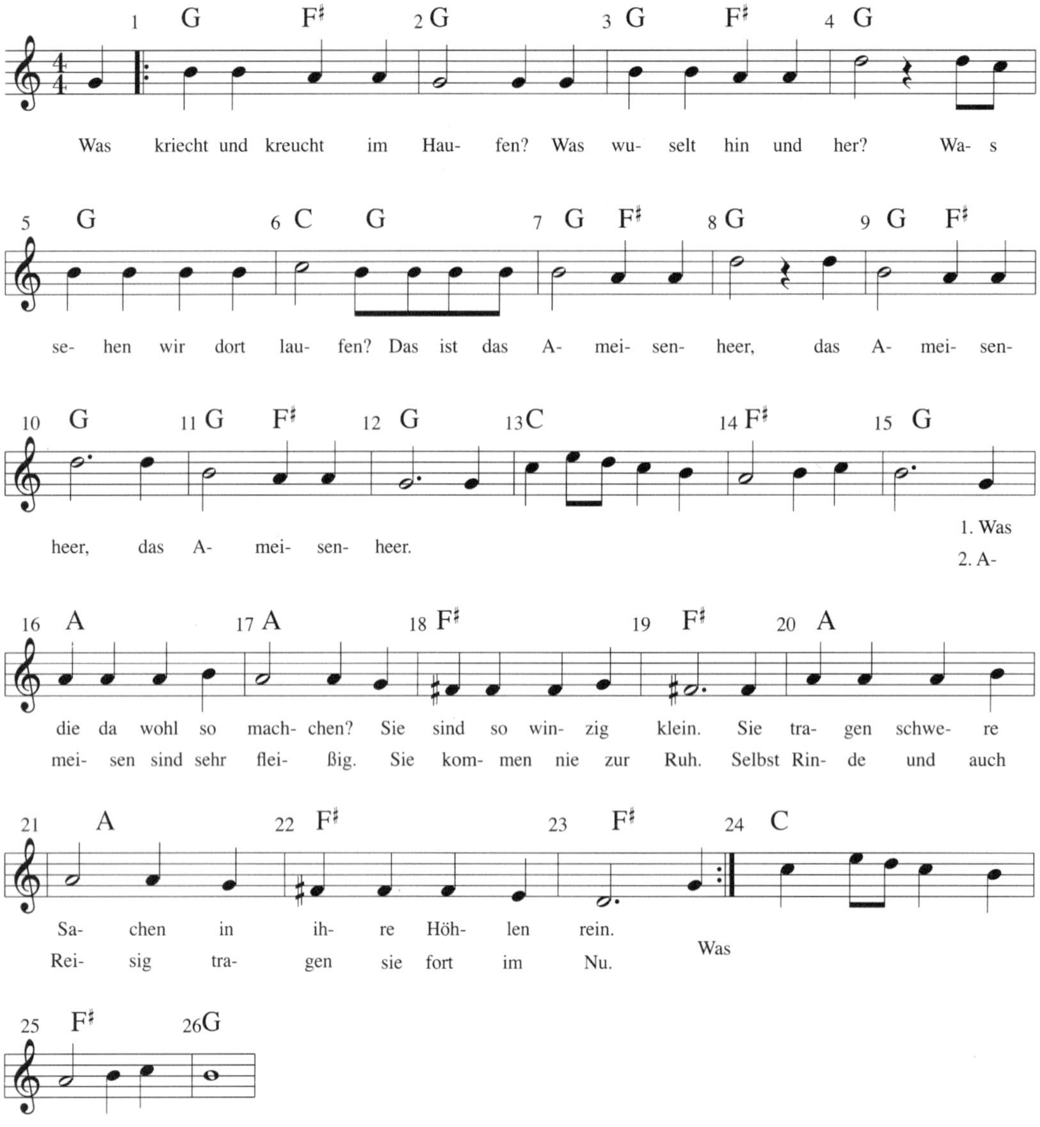
G F♯ G G F♯ G
Was kriecht und kreucht im Hau- fen? Was wu- selt hin und her? Wa- s
G C G G F♯ G G F♯
se- hen wir dort lau- fen? Das ist das A- mei- sen- heer, das A- mei- sen-
G G F♯ G C F♯ G
heer, das A- mei- sen- heer.
1. Was
2. A-
A A F♯ F♯ A
die da wohl so mach- chen? Sie sind so win- zig klein. Sie tra- gen schwe- re
mei- sen sind sehr flei- ßig. Sie kom- men nie zur Ruh. Selbst Rin- de und auch
A F♯ F♯ C
Sa- chen in ih- re Höh- len rein.
Rei- sig tra- gen sie fort im Nu.
Was
F♯ G

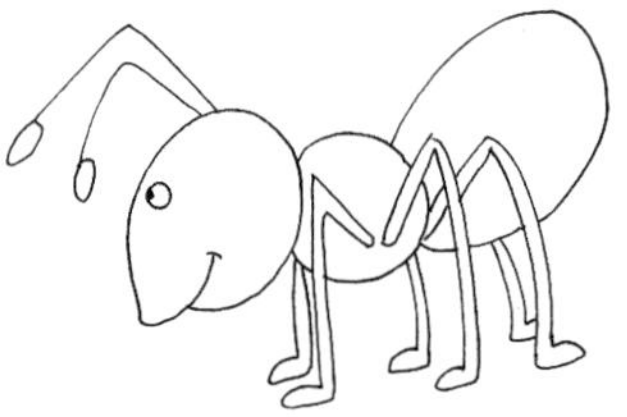

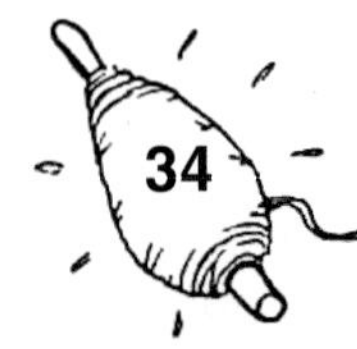

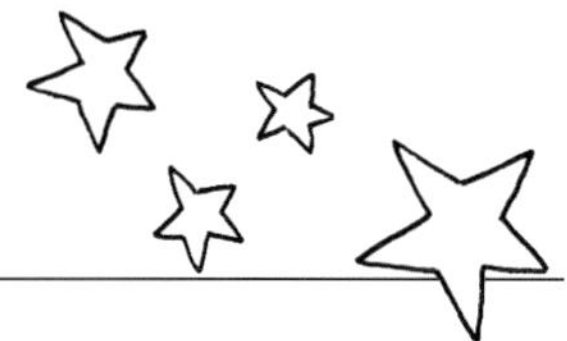

Symbolkarte zum Märchen „Der süße Brei“

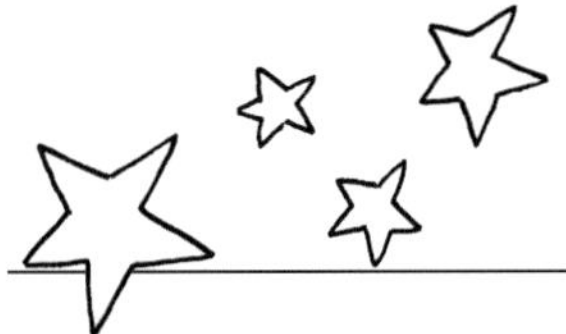

Symbolkarte zum Märchen „Der goldene Schlüssel"

Der goldene Schlüssel

Symbolkarte zum Märchen „Die Sterntaler“

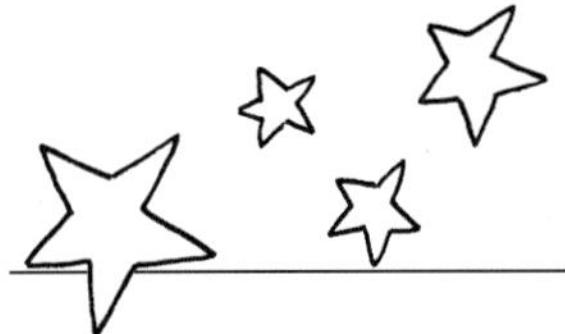

Symbolkarte zum Märchen „Der Kobold und die Ameise“

Der Kobold und die Ameise

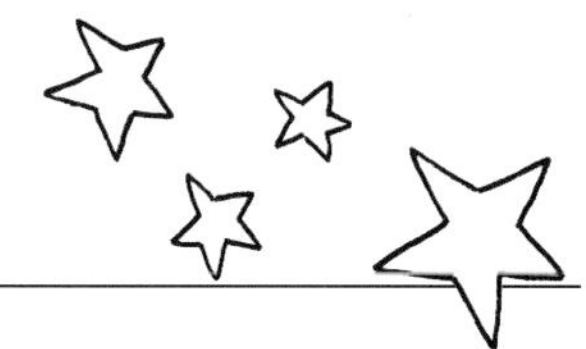

Symbolkarte zum Märchen „Der Wolf und sieben jungen Geißlein“

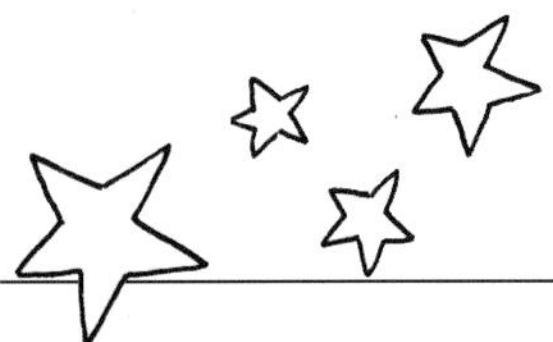

Übersicht über die Bezüge zum Bildungsplan

Märchen	Kompetenzen im bayerischen Bildungsplan für Kitas
Der süße Brei	• Grundlegende Fähigkeiten für Sprache und Schrift einüben • Richtig sprechen und den Wortschatz erweitern • Alltagsphänomene entdecken und erforschen • Spielen und Wahrnehmen mit allen Sinnen • Soziale Kompetenzen entwickeln • Konzentration schulen, Lernen lernen, Interesse wecken • Mit Stift, Schere, Besteck und Co. umgehen
Der goldene Schlüssel	• Grundlegende Fähigkeiten für Sprache und Schrift einüben • Richtig sprechen und den Wortschatz erweitern • Alltagsphänomene entdecken und erforschen • Spielen und Wahrnehmen mit allen Sinnen • Hören, Singen, Musizieren • Den Körper wahrnehmen und sich bewegen • Soziale Kompetenzen entwickeln
Die Sterntaler	• Grundlegende Fähigkeiten für Sprache und Schrift einüben • Richtig sprechen und den Wortschatz erweitern • Mit Stift, Schere, Besteck und Co. umgehen • Hören, Singen, Musizieren • Soziale Kompetenzen entwickeln • Spielen und Wahrnehmen mit allen Sinnen
Der Kobold und die Ameise	• Natur erleben • Grundlegende Fähigkeiten für Sprache und Schrift einüben • Richtig sprechen und den Wortschatz erweitern • Hören, Singen, Musizieren • Mit Stift, Schere, Besteck und Co. umgehen • Soziale Kompetenzen entwickeln • Spielen und Wahrnehmen mit allen Sinnen
Der Wolf und die sieben jungen Geißlein	• Natur erleben • Grundlegende Fähigkeiten für Sprache und Schrift einüben • Richtig sprechen und den Wortschatz erweitern • Mit Stift, Schere, Besteck und Co. umgehen • Soziale Kompetenzen entwickeln • Spielen und Wahrnehmen mit allen Sinnen

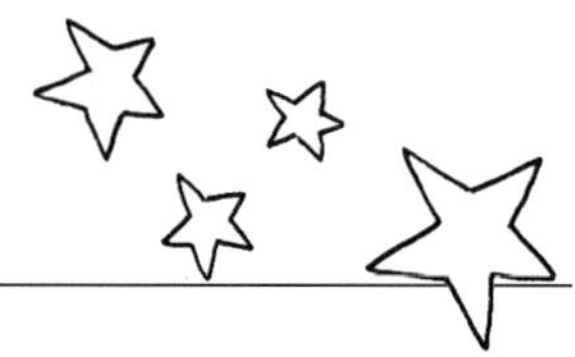

Literaturtipps zum Thema Märchen

Grimm, Jacob und Wilhelm:
Erste Märchen. Und weil sie nicht gestorben sind, leben sie noch heute. 12 Märchen der Brüder Grimm. 2. Auflage, Mellinger Verlag, Stuttgart, 2001.

Bamberger, Richard:
Mein erstes großes Märchenbuch. G & G- Verlagsgesellschaft, Wien, 2011.
(Hier eignen sich nicht alle Märchen für die Krippe, nur die „einfacheren" und kurzen.)

Tetzner, Lisa:
Das Töpflein mit dem Hulle-Bulle-Bäuchlein, Verlag Sauerländer, Mannheim, 4. Auflage, 1999.

Koppehele, Gabi:
Märchen im Wald erleben, Auer Verlag, Donauwörth, 1. Auflage, 2009.

Koppehele, Gabi:
Unterwegs im Märchenland, Auer Verlag, Donauwörth, 1. Auflage, 2010.

Pellanda, Andrea Marisa:
Märchenhits für Kids. Das Rumpelstilzchen, Auer Verlag, 1. Auflage, 2008.

Pellanda, Andrea Marisa:
Märchenhits für Kids. Die Bremer Stadtmusikanten, Auer Verlag, 1. Auflage, 2009.

Pellanda, Andrea Marisa:
Märchenhits für Kids. Der Wolf und die sieben Geißlein, Auer Verlag, 1. Auflage, 2009.